EDICTS DV ROY,

PORTANT SVPPRESSION

des Charges de Generaux des Poſtes:
Creation au lieu d'iceux des Surjntendans deſdites Poſtes, auec augmentation
de leurs pouuoirs. Creation des Maiſtres
des Couriers & Controlleurs Prouinciaux deſdites Poſtes, Et reünion deſdits
pouuoirs, & fonctions deſdits Maiſtres
des Couriers, auſdites Charges de Surjntendans deſdites Poſtes.

Verifiez en l'Audience de la Chancellerie de France le 3. Feurier & 25. May 1630.
3. Iuillet 1632.

A PARIS,

Par ANTOINE ESTIENE, P. METTAYER, &
C. PREVOST, Imprimeurs ordinaires du Roy.

M. DC. XXXII.

Auec Priuilege de ſa Maieſté.

ARREST DV

Conseil d'Estat du Roy pour la suppreßion des Charges de Controlleurs generaux des Postes & Relais de France & Cheuaucheurs de l'Escurie de sa Majesté.

V R ce qui a esté representé au Roy, qu'il n'a esté pourueu iusques à present aux charges de Generaux des Postes que par simples commißions: & qu'à ceste occasion elles n'auroient esté exercées auec l'authorité requise, & que pour les rendre plus recommandables il seroit neceßaire pour le seruice de sa Majesté, de les ériger en tiltre d'Office formé, & d'en faire pouruoir des personnes de qualité, qui rendent vne assiduité continuelle pres la

A ij

perſonne de ſadite Majeſté , & facent les
fonctions requiſes auſdites charges. V e v la
requeſte preſentée par René & Pierre Almeras freres, pourueus à la ſuruiuance l'vn
de l'autre des charges de Generaux des Poſtes des 18. Nouembre mil ſix cens quinze , &
vingtiéme Feurier 1616. & preſtation de ſer-
mét par la reſignatiõ du feu Sieur de la Varã-
ne, auec le traicté fait auec ledit la Varanne,
contenant ladite requeſte les moyens & raiſons pour leſquelles leſdits Almeras ſouſte-
noient ne deuoir eſtre depoſſedez de ladite
charge, enſemble les lettres patétes, & autres
cõmiſſions ſur le fait deſdites Poſtes, & tout
ce qui a eſté par eux écrit & produit, Et apres
que leſdits freres Almeras ont eſté ouys par
ſadite Majeſté en ſondit Conſeil, & tout con-
ſideré: Le Roy eſtant en ſondit Conſeil a or-
doñné & ordõne, que leſdites charges de Generaux des Poſtes demeureront ſupprimeés,
& qu'au lieu d'icelles, ſeront creées par Edict
en tiltre d'Office, les charges de Surintédant
General des Poſtes & Relais de France &
Cheuaucheurs de l'Eſcurie ancien, alternatif
& triénal, Pour en ioüir aux hõneurs, droicts,
authoritez, gages, penſions , appointemens
dõt ont ioüy & ioüiſſent à preſent leſdits Ge-

5.

neraux des Poftes & autres contenus dans l’Edict de creation, à la charge qu’ils payerōt en l’acquit de fa Maiefté, pour le rébourfemét dudit fieur d’Almeras General des Poftes, la fomme de trois cens cinquāte trois mil liures, pour pareille fomme payée au feu Sieur de la Varāne par ledit Almeras: Moyennāt laquelle fināce lefdits Surjntendans des Poftes nouuellement creés, leurs vefues & heritiers ne pourront eftre depoffedez defdites charges, & ne fera pourueu à icelles iufques à l’actuel remboursement de la fufdite fomme de 353000.liu. Fait au Confeil d’Eftat du Roy tenu à Paris fa Maiefté y feant le dernier iour de Decembre mil fix cens vingt-neuf.

Signé, De Lomenie.

L’an 1629. le 31. & dernier iour de Decembre, en vertu de certaine ordonnance du Roy en datte de ce ioura’huy, Signée, LOVIS, & plus bas, DE LOMENIE, portant pouuoir & mandement de fignifier le prefent Arreft, I’ay Iean le Gay Huffier Sergent à cheual au Chaftelet de Paris, fouffigné, ay montré, fignifié & deuément faict à fçauoir le prefent Arreft, que d’iceluy & du prefent mō exploit baillé & delaiffé copie audit Sieur Almeras y denommé, parlant au Portier de la maifon dudit Sieur, nommé, Iean, veftu d’vn ha-

A ij

bit rouge, à ce que ledit sieur d'Almeras n'en pretende cause d'ignorance. Fait present Pierre Fourfaut & Iean de la Houssaye tesmoins.
Signé,   LE GVAY.

EDICT DV ROY

portant suppression desdites charges, & creation de trois Offices de Conseillers de sa Majesté Surintendans des Postes & Relais de France & des Cheuaucheurs de l'Escurie de sadite Majesté.

LOVIS par la grace de Dieu Roy de France & de Nauarre, A tous presens & à venir, Salut. Nous auons essayé pendant ces derniers mouuemens de pouruoir aux desordres qui s'estoient glissez parmy ceux qui estoient commis aux charges des Postes, & y donner le remede conuenable à la necessité de nos affaires, qui receuoient vn notable interest & preiudice pour la retar-

dation de nos depesches, dont ayãt recognu
les incõueniens, nous auõs tenté tous moyés
pour donner l'ordre au restablissement que
l'importáce de la charge requiert. Du meri-
te de laquelle estãt entré en vne particuliere
cognoissance, combien elle est necessaire à
nostre Estat, & l'authorité auec laquelle elle
se peut exercer; Estimant à propos de chãger
l'ordre de l'exercice d'icelle en vn establisse-
ment plus authorisé, SÇAVOIR FAISONS, que
de l'Aduis de la Royne nostre tres-honorée
Dame & Mere, d'aucuns Princes de nostre
sang, Officiers de nostre Courõne, & autres
grãds & notables personnages de nostre Cõ-
seil, Nous auons de nostre certaine science,
plaine puissance & authorité Royale, par le
presét Edict perpetuel & irreuocable, esteint
& supprimé, esteignõs & supprimõs du tout
dés maintenant à tousiours, les Charges de
nos Conseillers & Controlleurs Generaux
des Postes & Relais de France ancien, alternatif & triennal, sans que ores ny à l'aduenir
elles puissent estre restablies pour quelque
cause, pretexte & occasion que ce soit, à la
charge toutefois que les pourueus iouïssans
desdits Offices, seront actuellement rem-
boursez de la somme que nous auons ordõ-

A iij

né par l'Arrest de noſtre Conſeil du dernier
iour de Decembre dernier, pour raiſon deſdits Offices, & que ceux qui ſeront pourueus au lieu deſdits Controlleurs Generaux
des Poſtes, iouïront du meſme benefice,
leurs vefues & heritiers ou ayans cauſe, &
n'en pourront eſtre depoſſedez à l'aduenir,
qu'en les rembourſant de la ſomme qu'ils
iuſtifierõt auoir payé auſdits Generaux des
Poſtes, A v lieu deſquels nous auõs du meſme pouuoir & authorité que deſſus, creé &
erigé, creons & erigeons en tiltres d'Offices
formez par noſtre preſét Edict, Trois Charges & Offices de nos Conſeillers Surintendans Generaux des Poſtes & Relais de Frã-
ce, & Cheuaucheurs de noſtre Eſcurie, ancien, alternatif & triennal, pour eſtre exer-
cez par chacun de ceux qui ſeront par nous
preſentement pourueus, & cy apres lors
que vacation y eſcherra, vne annee en trois,
& ſucceſſiuement l'vn apres l'autre, à com-
mencer du premier iour du preſent mois de
Ianuier, pour en iouïr conjointement ou ſe-
parement ainſi que bon leur ſemblera. A
chacun deſquels Offices, nous auons attribué & attribuons trois mil liures de gages
par chacun an, tant en exercice que hors icc-
luy

luy, qui eſt la ſomme de neuf mil liures, au
cas qu'ils ſoient poſſedez par vne ſeule perſonne : moyennant laquelle attribution, ils
ſeront tenus de faire faire à leurs frais & dé-
pens, pendant ladite année d'exercice, le
tranſport de toutes nos depeſches de trauer-
ſe qui s'enuoyeront hors des routes de nos
Poſtes : Qui eſt la meſme ſomme laquelle
par communes années s'employoit eſdites
deſpenſes, & ſe payoit par les mains du Tre-
ſorier de nos menus. Et outre ce en l'année de leur exercice, la ſomme de ſix mil liures d'appointemens, en commutation de
penſion cy-deuant attribuee à ladite charge de Controlleur General. Et ne voulant
priuer ceux qui entreront eſdites charges
des meſmes authoritez, pouuoirs, droits, gratifications & recompenſes dont ont oüy leſdits Controlleurs Generaux des Poſtes &
Relais, nous voulons qu'en ladite année de
leur exercice, pendant laquelle ils ſont obligez de demeurer aſſidus pres de noſtre perſonne, ils ayent le plat & ordinaire en noſtre
maiſon & ſuitte, & logement pres de noſtredite perſône, & les 300. liures d'eſtreines accouſtumees le premier iour de chacune deſdites années. Pareille ſomme de 300. liures

B

de recompenfe par chacun quartier d'icelles annees. Et lors que nous ferons hors de
noftre ville de Paris , pour fupporter les
grands frais qu'il leur conuient faire pour
nous fuiure , trois cens liures par forme
d'extrordinaire par mois. Lefquels gages ordinaires de neuf mil liures par chacun an, feront payez par les Treforiers des menuës affaires de noftre maifon, qui ont accouftumé
d'en faire les payemens : & lefdits appointemens de fix mil liures en l'annee d'exercice, feront payez aux pourueus defdits Offices, par les Receueurs Generaux de nos Finances à Paris , également par les quatre
quartiers de chacune annee , & à cefte fin
employez és eftats generaux de nos Finances de ladite Generalité de l'annee prochai-
ne : & pour les autres droicts, gratifications
& recompenfes , ils feront payez & les receuront par ceux de nos Officiers qui ont accouftumé d'en faire le payement. Voulons
que lefdits Surintendans Generaux de nos
Poftes iouïffent des autres droicts , honneurs , fonctions & attributions dont ont
jouy lefdits Generaux des Poftes & Relais:
Sans en ce comprendre les ports de lettres
& paquets qui nous appartiennent, & que

nous nous reseruons. Comme aussi qu'ils
ayent le pouuoir & authorité d'establir, in-
stituer & destituer les Maistres des Postes &
Commis au Controlle des Postes de Cour,
& autres Couriers & Officiers dependans
de ladite charge, dont les gages ne seront
payez par ceux de nos Officiers comptables
qui ont accoustumé d'en faire le payement,
qu'en vertu des certifications de celuy desdits Surintédans Generaux qui sera en exercice, ainsi qu'il a esté fait cy-deuant sur les
certifications des Generaux desdites Postes.
De nommer & pouruoir de personnes dont
la probité & capacité leur sera cogneüe
aux charges de Maistres de nos Couriers
de Rome, Venise & Suisse, & autres qu'ils iugeront necessaires establir aux pays estran-
gers pour le bien de nostre seruice, Pour te-
nir par eux les correspondances necessaires
auec les Maistres de nos Couriers & Postes,
és lieux où ils seront establis. Lesquels Maistres de nos Couriers & ceux qui pourront
estre cy apres pourueus des charges de Controlleurs Prouinciaux des Postes de nostre
Royaume, presteront le serment és mains
de celuy desdits Surintendans Generaux des
Postes en exercice, & receuront l'ordre &

B ij

commandement de luy en ce qui regardera
l'enuoy & reception de nos depesches. Aufquels Surintendans Generaux de nos Poftes
& Relais, nous auons donné pouuoir & authorité de iuger de tous differens, debats &
contentions generalemét quelconques qui
naiftront entre les Maiftres des Poftes, Relais & Couriers qui conduiront nos ordinaires, concernát leurs charges & fonctions
iufques à fentéce diffinitiue, qui fera execu-
tee par prouifion, nonobftant oppofitions &
appellations quelconques, à ce que noftre
feruice & le public n'en reçoiuent preiudice:
Lefquelles appellations reffortiront à nous
& à noftre Confeil, & en auons interdit la
cognoifsáce à toutes nos Cours & autres Iuges quelcóques. SI DONNONS EN MANDE-
MENT à noftre tres-cher & feal le fieur de
Marillac, Cheualier, Garde des Seaux de
France, & à nos amez & feaux Cófeillers les
gens de noftre Cour de Parlement & Cham-
bre de nos Comptes à Paris, chacun endroit
foy & comme à eux appartiendra, ils facent
lire, publier & enregiftrer noftre prefent E-
dict, iceluy entretenir & obferuer felon fa
forme & teneur, fans permettre qu'il y foit
contreuenu en aucune maniere que ce foit,

& à nos amez & feaux Conseillers les Presidens & Tresoriers de France & Generaux de nos Finances à Paris, d'employer és estats generaux de nosdites Finances, lesdits gages & appointemens ordinaires desdits Surintendans Generaux des Postes & Relais de France, à eux attribuez par le present Edict, tant en exercice que hors iceluy, nonobstant tous Edicts, Ordonnances, Arrests, Reglemens & lettres à ce contraires, ausquelles nous auons derogé & derogeons par ces presentes, & à la derogatoire des derogatoires y contenuës: CAR tel est nostre plaisir. Et afin que ce soit chose ferme & stable à toujours, nous auons à icelles fait mettre & apposer nostre seel, sauf en autre chose nostre droict & l'autruy en toutes. DONNE' à Paris au mois de Ianuier, l'an de grace 1630. & de nostre regne le 20. Signé, LOVIS. Et sur le reply, Par le Roy, DE LOMENIE. Et sellé en lacs de soye verte & rouge du grand Seau de cire verte: Et sur le reply est écrit, visa, Et plus bas:

Leu & publié le Seau tenant, de l'Ordonnance de Monseigneur de Marillac, Garde des Seaux de France, par moy Conseiller Secretaire du Roy & de ses Finances, & grand Audiencier de France present : Et regiſtrées és regiſtres de l'Audience de France, ſuiuant ce qui nous a eſté mandé par lettres patentes de ſa Maieſté du premier iour de Feurier mil ſix cens trente, Signées, Par le Roy en ſon Conſeil, COVPEAV. Et ſellées du grand ſeau de cire iaune attachées au preſent Edict ſous le contreſel de la Chancellerie, A Paris ledit premier iour de Feurier mil ſix cens trente. Signé, PERROCHEL.

Enſuit la teneur deſdites Lettres Patentes.

LOVIS par la grace de Dieu Roy de France & de Nauarre, A nos amez & feaux Controlleurs les grands Audienciers de France, & Conſeillers Generaux de la Chancellerie de France, Salut. Par noſtre Edict du mois de Ianuier dernier attaché ſous le contreſel de noſtre Chancellerie, nous auons eſteint & ſupprimé les charges de nos Conſeillers & Controlleurs Generaux des Poſtes & Relais de France, ancien, alternatif & triennal : & au lieu d'iceux, creé & érigé en tiltre d'Offices formez, trois char-

ges & offices de nos Conseillers & Surjntendans Generaux des Postes & Relais de France,& Cheuaucheurs de nostre Escurie, pour
en iouïr par les pourueus d'iceux, ainsi qu'il
est amplement porté par ledit Edict, & ordonné iceluy estre registré és registres de ladite Chancellerie. Mais pour ce que par erreur l'addresse ne vous auroit esté faicte, &
qu'à ceste occasion vous pourriez faire difficulté d'iceluy registrer: A CES CAVSES nous
vous mandons & ordonnons par ces presentes,que sans vous arrester audit erreur & ob-
mission d'addresse, vous ayez à faire registrer
iceluy Edict, pour estre le contenu en iceluy
gardé & obserué selon sa forme & teneur:
Car tel est nostre plaisir. DONNE' à Paris le
premier iour de Feurier, l'an de grace mil six
cens trente, & de nostre regne le vingtiéme.
Signé, Par le Roy en son Conseil, COVPEAV,
& sellées sur simple queuë du grand Seau de
cire jaune.

EDICT DV ROY

portant creation des Offices en heredité de Conseillers de sa Majesté, Maistres des Couriers és Bureaux des depesches, & Controlleurs Prouinciaux des Postes de France : Auec attribution des ports de lettres & paquets arriuans esdits Bureaux, aux priuileges & exemptions dont iouïssent les Domestiques & Commensaux de la Maison du Roy.

OVIS par la grace de Dieu, Roy de France & de Nauarre, A tous presens & à venir, Salut. Par nostre Edict du mois de Decembre dernier, & pour les causes y contenuës, nous auons supprimé les trois charges de Controlleurs Gene-

Generaux des Poftes, & au lieu d'icelles creé & eftably en tiltre d'Offices, trois Surjnten-dans defdites Poftes : Et en confequence de ladite fuppreffion, referué de pouruoir aux charges neceffaires pour la conduite & po-lice des Bureaux des depefches defdites Po-ftes, aufquels, par l'attribution & vnion des emolumens prouenans des ports & enuoy des lettres, paquets & depefches, nous don-nions moyen d'exercer lefdites charges auec l'integrité & dignité requife aux Officiers de cefte condition. Ce que voulans au pluftoft executer, SÇAVOIR FAISONS, Qu'apres auoir fait mettre l'affaire en deliberation en noftre Confeil, où eftoient la Reyne noftre tres-honorée Dame & Mere, aucuns Prin-ces de noftre Sang, & principaux Officiers de noftre Couronne, de l'Aduis d'iceluy, & de noftre certaine fcience, plaine puiffance & authorité royale, NOVS auons par ceftuy noftre prefent Edict perpetuel & irreuoca-ble creé & erigé, creons & erigeons en chef & tiltre d'Offices domaniaux, les charges & Offices cy-apres declarez, pour y eftre dés à prefent par nous pourueu de perfonnes ca-pables & à l'aduenir fur la nomination & pre-fentation du Surjntendant General des Po-

C

ſtes eſtant en exercice, auquel les veſues, heritiers, ou ayans cauſe des pourueus auſdits
Offices domaniaux, nommeront perſonnes
de capacité & probité pour la fonction d'i-
celles: Sçauoir trois Offices de nos Conſeillers Maiſtres des Couriers, & du Bureau General des depeſches de la Poſte de Paris, Cō-
trolleurs Prouinciaux des Poſtes en l'eſtenduë des Generalitez de Paris, Orleans, &
Soiſſons ancien, alternatif & Triennal, pour
par les pourueus deſdits Offices, en receuoir
& faire l'enuoy & diſtribution chacun en
l'annee de leur exercice, de toutes nos depeſches, lettres & paquets des particuliers arriuans audit Bureau de Paris des Prouinces de
noſtre Royaume & Pays eſtrangers, par les
eſtaffettes & Ordinaires eſtablies & à eſtablir, & generalemēt par quelque autre voye
que ce ſoit. Aux pourueus deſquels Offices,
nous auons en leurdite annee d'exercice, attribué & attribuons auſſi en heredité, tous
les droicts & emolumens prouenans du port
des lettres & paquets des particuliers, tom-
bans audit Bureau, & en ceux eſtablis & à
eſtablir en l'eſtenduë deſdites Generalitez, à
quelques ſommes que leſdits ports ſe puiſſent monter, ſans qu'il leur en puiſſe eſtre pris

ou diminué aucune chose pour quelque cause & occasion que ce soit SAVF pour les Ordinaires d'Espagne , Flandres, Angleterre,
Holande & Allemaigne, arriuans & passans
par nostredite Ville de Paris: & autres Ordinaires, Couriers extrordinaires , & Message-
ries estrangeres establies & à establir sur lesdits Pays, tant pour nostredit seruice que vti-
lité publique.

POVR l'entiere direction & conduite des-
quels, nous auons aussi creé TROIS nos Cõ-
seillers Maistres des Couriers , auec plaine
attribution en l'annee de leur exercice , de
tous les ports de lettres & paquets venans par
lesdites voyes , & du benefice prouenant du
passage & transport desdits Ordinaires : auec
pouuoir de nommer au Surintendant General de nos Postes estant en exercice, personnes capables pour la conduite desdits Ordinaires , Couriers à iournee : lesquels auant
qu'entrer en volte, presteront le serment entre les mains dudit Surintendant General.
Exceptons toutefois les Couriers allans à
iournee, establis sur Londres, Bruxelles, An-
uers, & autres Villes des Pays-bas , que nous
voulons payer seulement les droicts accou-
stumez ausdits Maistres des Couriers estran-

gers de Paris, eſtans en exercice. Lequel en
outre pourra commettre telles perſonnes capables qu'il auiſera dans les Bureaux des Poſtes de Sainct Iean de Lus, Bayonne Bourdeaux, Roüen, Dieppe, Calais & Nantes,
pour la reception, enuoy & diſtribution deſdites lettres eſtrangeres ſeulement, qui ſe receuront en chacun deſdits lieux : Sans qu'autres que leſdits Maiſtres des Couriers pour
les eſtrangers, eſtans en exercice, ou leurs
Commis puiſſent leuer leſdites lettres & paquets, & en perceuoir les ports, dont ils ioui-
ront ſelon la taxe, & tout ainſi qu'en ont iouy
les Controlleurs Generaux des Poſtes, en
vertu des Lettres de Declaration qu'ils en
ont en diuers temps obtenuës, tant de nos
predeceſſeurs que de nous, que nous voulons
eſtre executees ſelon leur forme & teneur.
Auec pouuoir auſdits Maiſtres des Couriers
eſtrangers de renouueller les traictez faicts
auec les Generaux, & Couriers Majors des
Poſtes d'Eſpagne, Flandres, & Angleterre, & autres Pays eſtrangers. Trois
Offices ancien, alternatif & triennal de nos
Conſeillers Maiſtres des Couriers, & du Bureau des depeſches de la Poſte de noſtre ville
de Lyon, Controlleurs Prouinciaux des Po-

ſtes en ladite Generalité, & en celle de Dau-
phiné:auec meſme attribution aux pouruëus
deſdits Offices eſtans en exercice, des ports
de lettres & paquets venans de noſtre Royaume, tóbans audit Bureau, & en l'eſtenduë
de ceux eſtablis & à eſtablir eſdites Generalitez. T R O I s autres Offices de nos Conſeillers Maiſtres des Couriers pour les depeſches eſtrangeres audit Lyon : auec l'entiere
diſpoſition des Ordinaires paſſans d'Eſpagne
en Italie, & d'Italie en Eſpagne, & de nos Ordinaires partans dudit Bureau de Lyon, pour
Italie & Suiſſe, & arriuans deſdits Pays auſdits Bureaux, pour les faire marcher par les
voyes accouſtumees, & iouyr par leſdits Maiſtres des Couriers eſtrangers, eſtans en exercice, des ſupplémens des ſommes de deniers
par nous ordonnez & accordez pour ce regard, outre & par deſſus ce qu'ils ont accou-
ſtumé de receuoir pour le tranſport & conduite deſdits Ordinaires d'Eſpagne, & ce
qu'ils prennent du port des lettres eſtrangeres & autres droicts attribuez à ladite charge, ainſi qu'en ont iouy ou deu iouïr les Cõ-
trolleurs Generaux deſdites Poſtes, ou leurs
Commis, conformément à noſdites Lettres
de Declaration. Leſquels nous voulons eſtre

naturels François, & de la Religion Catho-
lique, Apoſtolique & Romaine. Auec les
meſmes facultez, priuileges, pouuoirs & fonctions que les Maiſtres des Couriers eſtrangers de Paris, de nommer perſonnes capables
au Surintendant General des Poſtes eſtant
en exercice, pour le tranſport deſdits Ordinaires. Pareils Offices de nos Conſeillers Controlleurs Prouinciaux des Poſtes an-
ciens, alternatifs & Triennaux en nos villes
de Tholoſe, Bourdeaux, Dijon, Nantes, Aix,
Bourges, Moulins, Tours, Poictiers, Limo-
ges, Montpelier, Ryom, Calais, Roüen, &
Mets, pour en iouïr par les pourueus des Offices, és annees de leur exercice, en l'eſtéduë
des Generalitez où ils ſont eſtablis, aux meſmes droicts, pouuoirs, authoritez & emolumens, que ceux pourueus de ſemblables Offices aux Bureaux de Paris & Lyon. Et pource qu'en nos villes de Calais & Mets il n'y a
point de Generalité, ains ſont leſdites villes
compriſes ſous les Generalitez d'Amiens &
Chaalons, Voulons & declarons leſdites Generalitez eſtre du departement des Offices
creez eſdites Villes de Calais & Mets, chacun endroit ſoy. Et annexons celle de Caën,
où il n'y a aucune creation de Maiſtres des

Couriers, à la Generalité de Roüen : auec
pouuoir & faculté à tous les pourueus defdits Offices de Maiftres des Couriers, & Côtrolleurs Prouinciaux , creez par noftre prefent Edict, de ioüir & exercer lefdits trois
Offices d'ancien, alternatif & triennal, con-
iointement, & par vne feule perfonne : auec
pouuoir de commettre en la ronction d'i-
ceux , perfonnes fideles & capables, & aux
Bureaux des Poftes eftablis & à eftablir en
l'eftenduë de leurs Generalitez , dont ils demeureront ciuilement refponfables : & de
perceuoir les emolumens defdits ports de
lettres & paquets qui tomberont aufdits Bureaux, conformément au Reglement des ta-
xes du feiziéme Octobre , mil fix cens vingt-
fept , fuiuant nos Lettres Patentes donnees
fur iceluy , au mois d'Aouft, 1628. cy attachees fous le contrefeel de noftre Chancellerie, que nous auons de nouueau, en tât que
befoin eft, ou feroit , approuué & confirmé,
approuuôs & côfirmons par ees prefentes : Et
de prendre par lefdits Officiers pareille taxe
pour les Bureaux à eftablir , à proportion de
la diftance des lieux. FAISANT expreffes in-
hibitions & defenfes audits Maiftres des
Couriers & Controlleurs Prouinciaux , de

furtaxer lefdites lettres & paquets, ny fouffrir eftre furtaxees par leurs Commis ou Di-
ftributeurs au deffus de ladite taxe, à peine de
concuffion, dont lefdits Surintendans Generaux cognoiftront. Avsqvels Maiftres
des Couriers nous auons encore permis &
accordé de prendre & receuoir les fupplémens que nos Prouinces donnent & donne-
ront cy-apres pour l'entretenemét des Couriers ordinaires defdites Prouinces. Pourront à cét effect eftablir des nouueaux Bureaux de depefches en toutes les Villes,
Bourgs & Bourgades de noftre Royaume,
efquels nos Poftes font eftablies, & qui feront fur la route des Poftes, & proche d'icelles, où ils iugeront le bien de noftre feruice
& commodité publique le requerir : pour en
iouyr par lefdits Maiftres des Couriers &
Controlleurs Prouinciaux, comme des autres Bureaux ja eftablis. Enjoignons à tous
nos Gouuerneurs, Maires, Efcheuins, Con-
fuls, & tous autres nos Iufticiers, Officiers &
Subjets d'authorifer & fauorifer lefdits nouueaux eftabliffemens defdits Bureaux de depefches. Moyennant lefquelles attributions
des fufdits droicts & fupplémens, lefdits Maiftres des Couriers feront tenus de commet-

tre

tre à leurs frais & defpens en tous lefdits Bureaux eſtablis & à eſtablir, des Commis &
Diſtributeurs en nombre ſuffiſant pour faire
la diſtribution, reception & enuoy de toutes
lettres & paquets pour noſtre ſeruice & de
nos Subjets. Deſquels Commis ils demeureront ciuilement reſponſables, & les pourront
reuoquer à leur volonté. Comme encores
pourront eſtablir à leurs frais & deſpens, ſuffiſant nombre de Couriers pour les Ordinaires, & les faire partir de noſtre Ville de Paris
deux fois la ſemaine, ſur chacune de toutes
les routes des Poſtes, à iours reglez, pour por-
ter nuiĉt & iour nos depeſches, & celles du
public, par toutes nos Villes & Places fron-
tieres qui ſeront ſur leſdites routes des Poſtes: auec telle diligence qu'ils ne pourront
mettre ou employer qu'vne heure pour cha-
que Poſte, les ſept mois des plus grands iours
d'Eſté: & vne heure & demie les cinq mois
des plus petits iours d'Hyuer, à peine de pri-
uation de leurs charges, & de punition exé-
plaire, s'il y eſchet. ET POVR cét effeĉt ſeront tenus tous les Maiſtres de Poſtes de
noſtre Royaume, chacun endroit ſoy, pour
ſatisfaire au ſeruice pour lequel nous leur
auons attribué les gages dont ils iouïſſent, de

D

fournir promptément iour & nuiſt auſdits
Couriers ordinaires depeſchez par leſdits
Maiſtres des Couriers, ou leurs Commis, vnt
cheual ſeul bon Mallier, ſans guide, deux fois
la ſemaine, & au chois deſdits Couriers,
pour aller : & autres deux fois pour le retour,
ſans payer aucune choſe pour le port deſdits
Ordinaires, qui ne pourront exceder la pe-
ſanteur de cent liures. FAISANT tres-ex-
preſſes defenſes auſdits Maiſtres de Poſtes
de les retarder, ny exiger aucune choſe pour
les courſes deſdits Ordinaires, ny ſouffrir
qu'il ſoit exigé par leurs Poſtillons ou domeſtiques, à peine de côcuſſion. ENIOIGNONS
à tous Officiers, Greffiers, Notaires & Ser-
gents des lieux de deliurer auſdits Couriers
tous actes de plaintes, ſommations & certifications dont ils ſeront requis pour raiſon
des exactions, retardemens, ou autres violen-
ces qui leur pourroient eſtre faites en leurs
voyages par aucuns deſdits Maiſtres de Poſtes. Et à tous Gouuerneurs, Maires, Eſche-
uins, Conſuls, & autres nos Officiers & Subjets de leur preſter toute faueur & main forte, pour diligenter leurſdits voyages. Et pour
ſeureté auſdits Maiſtres des Couriers de la
fourniture deſdits cheuaux, nous leur auons

par expres affceté les gages defdits Maiftres
de Poftes, pour leur remboursement de ce
que lefdits Maiftres de Poftes auront exigé
de leurs Couriers ordinaires, & de ce qu'ils
auront esté contraints de payer pour paffer
les cheuaux de l'vne defdites Poftes à l'autre. Auec defenfes aux Receueurs Generaux
des Finances de payer lefdits gages au preju-
dice des oppofitions que lefdits Maiftres des
Couriers y fourniront. DEFENDONS tres-
expreffément à tous Fermiers des Relais, &
autres perfonnes de quelque qualité & condition qu'ils foient, d'eftablir des cheuaux
de traictes, pour faire aucuns eftabliffemens
d'ordinaires és lieux où lefdits Bureaux des
depefches font & feront eftablis, à peine de
fix mil liures d'amende, & de tous defpens,
dommages & interefts. Et au cas qu'aucunes
defdites Poftes fe trouuent delaiffees, & que
lefdits Maiftres des Couriers & Côtrolleurs
Prouinciaux foient contraints pour le port
defdits Ordinaires de faire mettre vn, ou
deux cheuaux à leurs defpens à ladite Pofte,
ou de payer les courfes des cheuaux des Poftes voifines de ladite Pofte delaiffee, nous
auons attribué les gages aufdits Maiftres des
Couriers & Controlleurs Prouinciaux. OR-

D ij

DONNONS pour cét effect au Surintendant General desdites Postes, d'employer en ses estats lesdits Maistres des Couriers, qui auront fait desseruir ladite Poste, ou payé lesdites courses. VOVLONS que lesdits Surintendans Generaux des Postes reglent tous les differents, contentions & debats qui pourroient naistre entre lesdits Maistres des Couriers, pour le Reglement de leurs charges: Ensemble de tous les autres Couriers & Officiers dependans d'icelles. Lesquels Reglements & Ordonnances serõt executees nonobstant oppositions ou appellations quelcõques, dont, si aucunes interuiennent, ensemble de l'execution du present Edict, nous en auons reserué la cognoissance à nous & à nostre Conseil, & icelle interdite à toutes nos Cours & Iuges quelconques. Lesquels Maistres des Couriers & Controlleurs Prouinciaux seront tenus de prester le serment de fidelité qu'ils nous doiuent entre les mains du Surintendant General desdites Postes, en exercice : Moyennant quoy, & attendu l'actuel seruice que nous rendent lesdits Maistres des Couriers & Controlleurs Prouinciaux, ils iouïront des mesmes priuileges, exéptions & immunitez dont iouïssent nos Offi-

ciers Domeſtiques & Commençaux. Et dau-
tant que leſdits Offices de Maiſtres des Couriers & Controlleurs Prouinciaux doiuent
en tout deſpédie & reſpondre de leurs charges aux Surintendants Generaux des Poſtes,
nous voulons qu'ils ne puiſſent eſtre reuen-
dus ſeparément, qu'en rembourſant pareil-
lement & en vn ſeul & actuel payement, tant
ce qui aura eſté payé en nos coffres pour leſdites charges de Surintendants Generaux
des Poſtes, que pour leſdits Offices de Maiſtres des Couriers & Controlleurs Prouinciaux creez par le preſent Edict: enſemble les
frais & loyaux couſts des acquereurs d'iceux.
Si donnons en mandement à noſtre tres-
cher & feal le Sieur de Marillac, Cheualier,
Garde des Seaux de France, que le preſent
Edict il face lire & publier en noſtre Grande
Chancellerie, l'Audience tenant, & iceluy
regiſtrer és regiſtres d'icelle, & le contenu en
noſtredit Edict, garder & obſeruer de poinct
en poinct ſelon ſa forme & teneur. Ceſſans
& faiſant ceſſer tous troubles & empeſche-
mens au contraire, nonobſtant oppoſitions
ou appellations quelconques, deſquelles ſi
aucunes interuiennent, nous auons retenu &
reſerué la cognoiſſance à nous & à noſtre

D iij

Conseil, & icelle interdite & defenduë à toutes nosCours & Iuges quelconques: Car tel est nostre plaisir. Et afin que ce soit chose durable, ferme & stable, nous auons fait mettre nostre seel à cesdites presentes, sauf en autres choses nostre droict & l'autruy en toutes. Donne'à Grenoble, au mois de May l'an de grace, mil six cents trente, & de nostre regne le vingtiéme: Signé, Lovis, & plus bas, Par le Roy, De Lomenie, & scellé en lacs de soye verte & rouge, du grand seau de cire verte. Et à costé, visa. Et plus bas:

Leuës & publiées le Seau tenant, de l'Ordonnance de Monseigneur de Marillac Garde des Seaux de France, moy Conseiller Secretaire du Roy & de ses Finances, & Grand Audiencier de France, present, & registrées és Registres de l'Audience de France, ainsi qu'il nous est mandé par Lettres Patentes de sa Majesté, donnees à Lyon le 25. iour de May, 1630. nonobstant oppositions ou appellations quelconques, attachees audit Edict sous le contreseel de la Chancellerie. A Lyon, lesdits iour & an vingt-cinquiéme May, 1630.

Signé, **Renovard.**

Enfuit la teneur defdites Lettres Patentes.

LOVIS par la grace de Dieu Roy de France & de Nauarre, A nos amez & feaux Confeillers les Grands Audienciers de France, & Controlleurs Generaux de la Chancellerie de France, Salut. PAR noftre Edict du prefent mois de May, cy attaché fous le contrefeel de noftre Chancellerie, nous auôs creé & erigé en chef & tiltre d'Offices domaniaux, les charges & Offices de nos Confeillers Maiftres des Couriers és Bureaux des depefches, Controlleurs Prouinciaux des Poftes de France, pour en iouïr par les pourueus d'iceux, ainfi qu'il eft amplemée porté par ledit Edict: Et ordonné iceluy eftre regiftré és Regiftres de ladite Chancellerie. Mais pource que par erreur, l'addreffe ne vous auroit efté faite, & qu'à cefte occafion vous pourriez faire difficulté d'iceluy regiftrer : A CES CAVSES nous vous mandons & ordonnons par ces prefentes, que fans vous arrefter audit erreur & obmiffion

d'addreſſe, vous ayez à faire regiſtrer iceluy
Ediƈt, nonobſtant oppoſitions ou appellatiôs
quelconques, pour eſtre le contenu en iceluy, gardé & obſervé ſelon ſa forme & teneur: Car tel eſt noſtre plaiſir. DONNE' à
Lyon, le vingt cinquieſme iour de May, l'ann.
de grace, mil ſix cents trente, & de noſtre regne le vingt-vniéme. Signé, Par le Roy en
ſon Conſeil, SAVARY, & ſellée ſur ſimple
queuë du grand ſeau de cire iaune.

EXTRAICT DES REGISTRES
du Conſeil d'Eſtat.

E Roy voulant que ſon Ediƈt
du mois de May dernier, portant creation des Maiſtres des
Couriers & Controlleurs des
Poſtes, auec vnion auſdites
charges des émoluments des ports & enuoy
des paquets & depeſches de tous les Bureaux
deſdites Poſtes, ſoit au pluſtoſt executé, &
que l'eſtabliſſement deſdits Offices ſe face
conformément audit Ediƈt: Apres s'eſtre
fait repreſenter ledit Ediƈt, & le Traiƈté faiƈt
par Mᵉ. François Antoine Dulieu, auec le
Sieur Marquis de Boves, pour leſdites charges

ges au Bureau de Lyon, du dixiéme du prefent mois, SA MAIETE' EN SON CONSEIL,
fans auoir égard aux Requeftes prefentees
par Me. Gafpard Iacquet , Commis au Bureau de la Pofte de Lyon, & aux empefchemens par luy formez à l'eftabliffemẽt defdits
Offices en la Ville de Lyon, A REVOQVE'
les Commiffions cy-deuant donnees pour
l'exercice defdites charges : ET ORDONNE
qu'il fera paffé outre à l'execution dudit Edict,
circonftances & dependances d'iceluy, tant
en ce qui concerne ledit Bureau de Lyon,
que des autres Villes y mentionnees. Et que
ledit Me. François Antoine Dulieu, qui a
traicté de la charge de Maiftre des Couriers,
& Bureau de Lyon, exercera ladite charge, &
ouyra des droicts y attribuez conformément
audit Edict, nonobftant oppofitions ou appellations quelconques : fauf audit Iacquet
à fe pouruoir pour les dedommagemens par
luy pretendus, ainfi qu'il verra bon eftre vers
fa Majefté. FAIT au Confeil d'Eftat du Roy
tenu à Lyon le treiziéme iour de Iuin, mil fix
cens trente.   Signé,   BARDEAV.

E

EDICT DV ROY, portant vnion aux Charges de Conseillers & Surjntendans Generaux des Postes, de tous les pouuoirs & fonctions dont jouïssoient les Controlleurs Generaux, Maistres des Courier & Controlleurs Prouinciaux desdites Postes, & autres.

Publié en l'Audience de la Chancellerie de France le troisiéme Iuillet 1632.

LOVIS par la Grace de Dieu Roy de France & de Nauarre, A tous presens & à venir, Salut. Nos predecesseurs Roys ayans recognu, qu'il estoit impossible aux Controlleurs Generaux des Postes de nous faire seruir ny le public, s'ils n'auoiét l'authorité d'y contraindre tous les Maistres desdites Postes & les autres Officiers sur lesquels le pouuoir de leurs Charges s'estend : outre la dis-

pofition qu'ils leur ont laifsée defdites Chaiges, leur ont permis de les
mulâter de peines, priuer de leurs gages & de leurs charges, s'ils man-
quoient à leur deuoir, fans que lefdits
Controlleurs Generaux fuffent tenus
d'en rendre raifon à autres qu'à noftre
perfonne & à noftre Confeil, dont ils
ont vfé auec tant de mo ieration & de
retenuë, qu'il n'en eft jamais arriué
aucune plainte : & tant qu'ils ont efté
en cefte authorité, nous auons eu entiere fatisfactiõ de leurs charges, & le
public des nouuelles feures & prom-
ptes de leurs affaires.   Mais dés lors
qu'elle leur a efté alterée & diminuée,
& que lefdits Maiftres des Poftes ont
trouué ouuerture de s'en difpenfer, le
pouuoir defdits Controlleurs Generaux n'eftant pas d'ailleurs affez am-
ple pour empefcher les entreprifes
des Meffagers & autres, fur lefdits

Maiſtres des Poſtes & ſur les Fermiers
des cheuaux de relais & loüage, auſquels ils ont fait diuers procez, & les
ont reduits à quitter leur deuoir pour
ſe defendre, Le deſordre eſt deuenu ſi
grand, que nous auõs eſté contraints
pour dõner plus d'authorité auſdites
charges, de chãger ceſt anciê eſtabliſſement, ſupprimer leſdits Controlleurs Generaux, Et au lieu d'iceux,
créer Trois Surjntendans, auſquels
outre les pouuoirs qui leur auoient
eſté accordez & confirmez, nous en
auons attribué de nouueaux, auec
vne qualité plus releuée, & augmenté
leurs gages pour ſouſtenir leur dignité & les deſpenſes qu'ils leur conuient
faire à noſtre Court & ſuitte. Mais
ayans ſeparé deſdites Charges le reuenu des pacquets en nos Bureaux, &
diſpoſé d'iceux au proffict des Maiſtres des Couriers & Controlleurs

Prouinciaux deſdites Poſtes par nous
creez, & à iceux attribué aucuns des
pouuoirs qu'auoient auparauant leſdits Controlleurs Generaux, cela a
produit vn effect contraire à celuy
que nous nous eſtions promis, parce
que leſdits Surjntendãs de nos Poſtes
eſtans plus releuez en qualité, mais
moins intereſſez en la manutention
deſdits Maiſtres des Poſtes & reuenu
deſdits Bureaux, ils ont negligé de
pourſuiure le reglemét d'entre leſdits
Maiſtres des Poſtes, Meſſagers & autres, pour empeſcher les entrepriſes
deſdits Meſſagers, & ainſi les deſor-
dres ſe ſont accreus, & leſdits Maiſtres des Poſtes contraints d'abandõ-
ner leurs charges, de ſorte qu'à preſent il n'y a plus de Poſtes en noſtre
Royaume en eſtat de nous ſeruir, & le
public, & ne ſe peuuent reſtablir ſans
grande deſpenſe & par perſonnes in-

tereſſées, qui ayant en main l'authorité, facent garder l'ordre qu'il y conuient apporter. C'eſt pourquoy nous
auons deliberé de reünir auſdites
charges de Surjntendans des Poſtes,
tous les pouuoirs dont iouïſſoient
auparauant leſdits Controlleurs Generaux, les reuenus des dépeſches de
noſtre Court & ſuitte, & de tous les
Bureaux eſtablis & à eſtablir par leſdits Surjntendans, ſelon qu'ils iugeront neceſſaire pour le bien de noſtre
ſeruice & commodité publique ; &
pareillemét tous les pouuoirs deſdits
Maiſtres des Couriers & Cótrolleurs
Prouinciaux deſdites Poſtes, Maiſtres
des relais & cheuaux de loüages, afin
qu'à l'aduenir toute ſorte d'ordre, de
direction & d'authorité reſidant en
leurs perſonnes, ils puiſſent plus faci-
lement nous contenter & nous ré-
pondre des manquemens ſi aucuns y

furuiennét, Sans pour ce leur retran-
cher la faculté d'eſtablir leſdits Offices de Maiſtres des Couriers, Controlleurs Prouinciaux & autres, par
nominatió d'eux, que nous confirme-
rons ou par commiſſions ſimples, ainſi qu'ils le iugeront plus expedient
pour noſtre ſeruice, dont les pourueus ou commiſſionnaires jouiront
ſuiuant les Edicts de leur creatió, ſauf
de l'attributió des émoluments qu'ils
perceuoient, que nous remettós auſdites charges de Surjntendans, leſquelles pour pluſieurs bonnes raiſons
nous voulons auſſi rendre hereditai-
res. CE qu'ayant eſté mis en deliba-
ration en noſtre Conſeil, où eſtoient
aucuns Princes & autres Officiers de
noſtre Couronne: DE L'ADVIS
d'iceluy, & de noſtre plaine puiſſance
& authorité royale, Novs auons
par noſtre preſent Edict perpetuel &

irreuocable, confirmé & confirmons
auſdits Trois Offices de nos Conſeillers &, Surintendans Generaux deſ-
Poſtes & Relais de France, & Cheuaucheurs de noſtre Eſcurie, deſquels dependent & font part les Cheuaux de
loüages & relais, tous les gages & appointemens, plat & ordinaire en noſtre Court & ſuitte, logement pres
de noſtre perſonne, extrordinaires,
gratifications, recompenſes, eſtreines, reuenus deſdits relais & cheuaux
de loüages, Auec pouuoir de chan-
ger, augmenter ou diminuer leſdites
Poſtes, contraindre les Maiſtres d'i-
celles d'obſeruer les Edicts, Ordonnances & Reglemens cy deuant faits,
& ceux qui le ſeront ou pourrót eſtre
à l'aduenir, Enſemble mulcter leſdits
Maiſtres des Poſtes, par retranche-
ment de leurs gages, ſuſpenſions de
leurs charges, le cas y écheant diſpo-
ſer

ſer d'icelles, & de toutes les autres qui
dependent d'eux, en quelque ſorte
qu'elles ſoient vacantes, terminer,
decider & iuger les differents concer-
nans leſdites Poſtes, & ceux qui ſur-
uiendront entre leſdits Officiers pour
la fonction & exercice deſdites charges, ainſi que faiſoient & pouuoient
faire leſdits Controlleurs Generaux,
& qui leur eſt attribué par nos Edicts
& Arreſts. Deſquelles choſes cy de-
ſus, ils ne ſeront reſponſables qu'à
noſtre perſonne & à noſtre Conſeil,
comme il eſt porté aux Lettres patentes du huittiéme iour de Mars mil
cinq quatre-vingt-cinq, regiſtrées
en noſtre Parlement de Paris : Et en
ce faiſant, leur attribuons tout le reuenu des Bureaux des Poſtes, lettres
& dépeſches de noſtredit Royaume,
eſtablis & à eſtablir, y compris celuy
de noſtre Court & ſuitte, & des che-

uaux de loüage, traicté, trauerſes & relais, ſans qu'autres qu'eux en puiſ-ſent eſtablir en aucun lieu ſous quelque pretexte que ce ſoit. Dauantage leur accordons & concedons pour l'aduenir, le droict de nous nommer ou commettre auſdites charges de Maiſtres des Couriers & Côtrolleurs Prouinciaux creez par Edict du mois de May mil ſix cens trente, telles per-ſonnes que bon leur ſemblera, meſ-me d'en eſtablir à noſtredite Court & ſuitte, apres toutefois que ceux que nous en auons cy deuant pourrueus, auront eſté par nous rembourſez de ce qu'i!s ont finácé pour leſdits Offi-ces. Auſquels nommez par leſdits Surjntendans, nous octroirons nos Lettres de confirmation pour jouïr deſdits offices, aux tiltres, honneurs, priuileges & prerogatiues qui leur ſont attribuez par noſtredit Edict,

Auec pouuoir de dépescher & faire
partir à tels iours & heures qu'ils iugeront pour le bien de nostre seruice &
commodité publique, tels Couriers
& en tel nombre qu'ils aduiseront,
en dédommageant toutefois & satis-
faisant lesdits Maistres des Postes, des
courses qu'ils feront autres que celles
qu'ils sont tenus & obligez de faire
par le susdit Edict, que nous voulons
sortir son plain & entier effect, fors
pour ce qui est des reuenus desdits Bureaux qui appartiendront ausdits Surjntendans, auec les autres droicts &
pouuoirs cy deuant declarez, qui n'en
pourront estre desvnis, distraits, se-
parez ny diminuez sous quelque pretexte ou occasion que ce soit : Et les-
quelles charges & offices de Surjntendans, nous faisons & rendons heredi-
taires, pour estre tenus & possedez, &
en estre disposé à tiltre d'heredité,

F ij

fans qu'eux ny lefdits Maiftres des
Couriers, Controlleurs Prouinciaux
& Maiftres des Poftes , foient tenus
de faire enregiftrer en nos Chambres
des Comptes & aux Bureaux de nos
Finances, ny en aucunes autres jurif-
dictions, les Lettres de prouifions &
pouuoirs qu'ils auront de nous & de
nofdits Surjntendans, foit pour faire
la fonction de leurs charges, ou pour
jouïr de l'émolument defdites dépefches. Et afin que lefdits Maiftres des
Poftes n'ayent fujet de refufer dor ef-
nauát les cheuaux qu'ils font obligez
de fournir fuiuant noftredit Edict du
mois de May mil fix cens trente , aux
Couriers qui conduirót les dépefches
ordinaires , ny exiger d'eux aucuns
deniers pour les courfes de leurfdits
cheuaux , fous couleur qu'ils ne font
payez de leurs gages , & que lefdits
Meffagers & autres s'ingerent d'efta-

blir des cheuaux de traicte contre
noſtre intention, Novs voulons
qu'il ſoit fait vn reglement general en
noſtre Conſeil, pour faire côtenir leſdits Meſſagers aux termes de l'Ediƈt
de leur creatiõ, & empeſcher qu'il ne
ſoit entrepris ſur les charges deſdits
Maiſtres des Couriers, Controlleurs
Prouinciaux, Maiſtres des Poſtes, Relais & Cheuaux de loüiages de noſtredit Royaume. Et pour le regard des
gages deſdits Mes des Poſtes, nous
voulôs & ordonnôs que les Receueurs
Generaux de nos Finances chacun en
l'année de ſon exercice, & par les
quatre quartiers d'icelle, mettent entre les mains de ceux deſdits Maiſtres
des Couriers ou autres qui auront le
pouuoir deſdits Surjntendans, ſur
leurs ſimples recepicez, les ſommes
de deniers ordonnez par les eſtats generaux de nos finances pour le paye-

ment defdits gages aux Maiftres des
Poftes & autres officiers dependans
defdits Surjntendans. Lefquels rece-
pièez feront rendus par lefdits Receueurs en leur fourniflant les quittáces
defdits Maiftres des Poftes, ou de ceux
qui auront efté commis en leur lieu
par lefdits Surjntendans pour n'auoir
fatisfait au deuoir de leurs chargés,
contre lefquels nous voulons en outre eftre procedé par les voyes contenuës en nos Lettres du premier iour
d'Aouft mil fix cens vingt fept, & autres nos Edicts & Ordonnances fur ce
faits, que nous entendons, enfemble
les ordonnances de nofdits Surjntendans, eftre executez nonobftant oppofitions ou appellations quelconques, dont fi aucunes interuiennent,
nous auons retenu & referué la con-
noiffance à nous en noftre Confeil, &
de tous les troubles & empefchemens

qui feront donnez aux Surjntendans de nofdites Poftes en la jouïffance des droicts, pouuoirs & facultez cy defus mentionnez, & en nos Edicts, Lettres, Arrefts & Reglemens, dont copies deuëment collationnées font cy attachez fous le contrefeel de noftre Chácellerie. SI DONNONS EN MANDEMENT à noftre tres-cher & feal Cheualier & Chancelier de nos Ordres, & Garde des Seaux de France, le Sieur de l'Aubefpine, Marquis de Chafteauneuf, que noftre prefent Edict il ayt à faire lire & publier le Sçau tenant, & regiftrer és regiftres de l'Audience de France, & du contenu cy defus jouïr & vfer plainement & paifiblement les pourueus defdits Offices de nos Confeillers Surjntendans Generaux des Poftes, Relais, Cheuaux de loüages & Cheuaucheurs de noftre Efcurie, & autres fufnommez, & ne fouffrir qu'ils y

foient troublez en quelque forte &
maniere que ce foit : CAR tel eft
noftre plaifir. Et afin que ce foit cho-
fe ferme & ftable à toujours , nous
auons fait mettre noftre Seel à cef-
dites prefentes. DONNB' à Sainct
Germain en Laye au mois de May,
l'an de grace mil fix çens trente-deux,
& de noftre regne le vingttroifiéme.
Signé, LOVIS, à cofté, vifa, & plus
bas, Par le Roy, DE LOMENIE, &
feellé du grand Seau de cire verte en
lacs de foye rouge & verte. Et encor
au defoûs eft écrit :

*Leu, publié le Seau tenant, & regiftré és Regi-
ftres de l'Audience de la Chancellerie de France, de l'Ordonnance de Monfeigneur le Marquis
de Chafteauneuf, Chevalier & Chancelier des
Ordres du Roy, & Garde des Seaux de France,
Au Pont à Mouffon le Roy y eftant, le 3. iour de
Iuillet 1632.* Signé, PETIT.

Collationné aux Originaux par moy Confeiller
& Secretaire du Roy & de fes Finances.